꿈을 캐내어라

모든 인간은 하나님의 형상을 닮은 존엄한 존재입니다. 전 세계의 모든 사람들은 인종, 민족, 피부색, 문화, 언어에 관계없이 존귀합니다. 예영커뮤니케이션은 이러한 정신에 근거해 모든 인간이 존귀한 삶을 사는 데 필요한 지식과 문화를 예수 그리스도의 사랑으로 보급함으로써 우리가 속한 사회에 기여하고자 합니다.

## 꿈을 개내어라

초판 1쇄 찍은 날 · 2005년 11월 24일 | 초판 2쇄 펴낸 날 · 2006년 4월 25일

**지은이** · 서성환 | **펴낸이** · 김승태

**편집장** · 김은주 | **편집** · 박지영, 이덕희 | **디자인** · 이승희, 이훈혜 | **제작** · 한정수
**영업본부장** · 오상섭 | **영업** · 변미영, 장완철 | **홍보** · 주진호 | **물류** · 조용환, 송승철
**드림빌더스** · 고종원, 노지현

**등록번호** · 제2-1349호(1992. 3. 31.) | **펴낸 곳** · 예영커뮤니케이션
**주소** · (110-616) 서울 광화문우체국 사서함 1661호 | **홈페이지** www.jeyoung.com
**출판사업부** · T. (02)766-8931  F. (02)766-8934  e-mail: jeyoungedit@chol.com
**출판유통사업부** · T. (02)766-7912  F. (02)766-8934  e-mail: jeyoungsales@chol.com

ISBN 89-8350-690-3   03810

## 값 6,000원

▪ 잘못 만들어진 책은 언제든지 교환해 드립니다.

# 꿈을 캐내어라

서성환 지음

예영커뮤니케이션

□ 차례

## 제1부 그 손길 있는 곳

그 손길 있는 곳 • 11
왜 그리 • 12
묵상 • 13
아침 • 14
황홀한 세상 • 15
바다 바람 • 16
말씀이 • 17
바람은 • 18
마음을 알아 • 19
바다에 나가면 • 20
겨울비 • 22
소망이 새로워 • 23
거기에 • 24
겨울 숲 • 25
흐린 날의 바다 • 26

## 제 2부 하나님 아버지

하나님 아버지 • 29
긴 기도여 • 30
갈림길 • 31
괴로운 나날 • 32
나의 길을 • 34
내 안에는 • 35
온 밤을 • 36
물어보라 • 38
그대 • 40
눈물 • 41
아하, 주님은 • 42
슬픔과 연민 • 44
하늘엔 • 45
외로움도 • 46
힘겨운 싸움 • 48
봄이여 • 49
마지막 사람 • 50
부끄러움은 • 51
해운대에서 • 52
고통의 시간 • 54
오늘은 그저 • 56
나무는 지금 • 58

## 제 3부 풍경

풍경 만남 • 61
수평선 풍경 • 63
고마운 풍경 • 64
출어(出漁) 풍경 • 65
바람 풍경 • 66
만조 풍경 • 67
행복한 풍경 • 69
사람 사는 풍경 • 71
엉뚱한 풍경 • 73
사랑 풍경 • 74
빗물 풍경 • 75
포구 풍경 • 77
그리 그리한 풍경 • 78
담담한 풍경 • 79
창틀 풍경 • 81
오래된 풍경 • 82
봄날 풍경 • 83
아리아리한 풍경 • 85
두 얼굴의 풍경 • 87
늦봄 해변 풍경 • 89
조금 풍경 • 90
잠들고 꿈꾸는 풍경 • 92
연습 풍경 • 95
떠남 풍경 • 97
귀향 풍경 • 99

## 제4부 꿈을 캐내어라

꿈을 캐내어라 • 105
빛기둥 • 107
나의 노래 • 108
마라나타 • 110
이제 하늘이 보이느냐? • 112
소중한 건, 아름다운 건 • 114
화초 양귀비 • 115
새로 열리는 • 116
나무는 기다림 • 118
새벽 묵상 • 120
작고 세미한 • 122
평안 • 123
바다의 마음 • 124
수행(修行) • 126
졸린 단상 • 128
눈부신가 • 129
새 하늘 새 땅 • 130


후기(後記) • 132

제1부
그 손길 있는 곳

## 그 손길 있는 곳

갈대숲 사이로 햇살은 살아 오르고
떼 청둥오리 호수를 뒤덮어 내리고
맑은 바람 쓸쓸한 사람들 감싸 안고
멀리 흐르는 구름 엉킨 삶을 풀어내고

상하고 지친 영혼 자유케 하리
영원을 사모하는 마음 불러 일으키리
그 손길 있는 곳
모든 것 살아 숨 쉬리

## 왜 그리

말갛게 빛나는 별빛의 의미도
탐스럽게 영그는 열매의 수고도
사납게 휘몰아치는 역사의 추동력도
순간으로 스치는 새들의 표정도
보드라운 숨결 같은 영원의 신비도
모두가 손 가까이 잡혀지고
환히 알아질 것만 같은데 -

우리에게 사랑은
왜 그리 낯설고 서툰 것인가?

# 묵 상

반복되는 팽팽한 긴장
거듭되는 아둔한 갈등
하나를 둘이게 하는 어리석음

하나를 하나이게 하는 자리
묵상(默想) - 그분 앞에 앉는 시간
어디에 있든지
무엇이 되든지
혼돈과 좌절을 넘어서는
내 집 같은 평안함
계절 같은 당연함

묵상 속에 누려지는
일상(日常)의 새로움
새로움의 일상들

## 아 침

간밤 날 새도록
아릿한 그리움 둥지 틀어
앙상한 마음에 걸어 놓고
야멸찬 의로움 서릿발 되어
대지의 거짓을 들떠내고
차오르는 오래된 슬픔
싸락눈 눈발 되어
하늘을 갈갈이 찢어내고

까치 날아오르는 아침
그래도 생명 되고 영원 되게
언 땅 대지 위에
정갈한 가슴으로
함께 그리고 홀로 서다.

# 황홀한 세상

낚시 배가 흔들리는가?
바다가 흔들리는가?
바라보는 사람의 마음이
흔들리는가?

어심(魚心)
인심(人心)
해심(海心)
그리고
선심(船心)
하나된 황홀한 세상

## 바다 바람

참으로 가난하면
아무도 지배할 수 없고
진정으로 홀로 서면
무엇으로도 얽어맬 수 없고
생각이 멈춘
명징한 침묵엔
원초적 자유가 숨쉬니

사는 것에
부질없고 철없으면
그분 같은
바다 바람이나
만나러 가지

## 말씀이

위엄찬 비상, 비참한 추락
막 알에서 깨어나는 수리새
두렵고 초롱한 눈망울
그 속에서 어리는
또 다른 비상과 추락.

눈부신 신록, 거름되는 낙엽
겨울가지 속에 숨겨진 맹아들
새순 돋는 정자나무 밑
생명과 죽음 뒤엉킨 흙 내음

언제나 있어온 일들
그러나 언제나 낯선 것들
어제같지 않은
슬픔, 무상, 허무
거기가 말씀이 시작되는 곳

## 바람은

바람은
닫힌 공간에선 불지 않지
창문을 열려면
맞은 편 것도 열어

성령도 바람이니
또한 그러 하리

## 마음을 알아

어부는 바다의 마음을 알아
바다는 어부의 마음을 알아

바다는 고기의 마음을 알아
고기는 바다의 마음을 알아

고기는 어부의 마음을 알아
어부는 고기의 마음을 알아

슬픔이 뭔지 알지
기쁨이 뭔지 알지
그려
소망이 뭔지 알지

## 바다에 나가면

바다에 나가면
네가 어머니 가슴으로 나를 맞아준다
바다에 나가면
네게 안긴 기쁨으로 나는 새 존재가 된다

바다에 나가면
훗훗한 너의 음성이 들린다
바다에 나가면
너와 나눈 말들이 나를 나되게 한다

바다에 나가면
네가 절실한 열정으로 나를 세워준다
바다에 나가면
네게 건넨 약속으로 나는 사명자가 된다

바다에 나가면
말갛게 씻긴 너의 얼굴이 보인다
아! 너의 이름은

그분 말씀 안에 거하는
사랑, 자유, 언약

# 겨울비

고동색 활엽수
칙칙한 침엽수
잘 뻗어 오른 은회색 포플라
살랑거리는 갈대와 잡풀 사이에
또렷한 묘지 금잔디 —
먼 산
아름다운 구름
하늘이 땅에 닿으며 비가 내린다.
산불주의보 속에
따뜻한 겨울비가
바람도 없이 주룩주룩 내린다.

겨울 가뭄,
해갈이 급한 것은 산천초목뿐인가?

## 소망이 새로워


불현듯
그리움이 자라 올라
은빛 갈대숲처럼 일렁이어니

빛나는 영혼의 송영이
맑은 바람처럼 싱그러우니

소망이 새로워
행복감이 절실히 누려지어니

# 거기에


절망의 고통과
인내하는 괴로움 속에서
그분 만나면
자유의 날개 돋히나니

마음 둘 곳 없는 허무,
끈질긴 자괴의 그늘 끝에서
그분께로 돌아앉으면
영생의 빛 누려지나니

일상의 거짓 환상에 쫓길지라도
함께 걷는 꾸준한 걸음걸이, —
그분, 거기에 계시리니
그 평안의 비밀 터득되리니

# 겨울 숲

매운 바람 마다 않고
생기로 끌어안는 넉넉함
자랑과 부요 다 내어주고
빈 몸으로 손드는 경건함
함께 선 고독 속에
소담히 담기는 풍요함
눈꽃 속에 섬김으로
거듭나는 수고로움
온 숲 가득한 그 찬연한 기다림
살아 숨쉬는 그 싱싱한 평화 – ,
언제나 넘치는 새로운 영감

## 흐린 날의 바다

수평선 부옇고
부슬부슬 내리는지 마는지
물기 머문 바람
세상을 온통 적실 듯 말 듯

바다는
이런 조용한 흐린 날이
좋은가 보다
천지를 바다처럼 만들고
천지에 바다 마음 일러두는
이런 날이 참 좋은가 보다

제 2부
하나님 아버지

# 하나님 아버지

하나님,
제겐 참 두려운 게 많습니다.
잘 모르는 것도 너무 많습니다.
부끄러운 일은 다 헤아릴 수도 없습니다.
지치고 힘겨워 헐떡일 때도
더러 더러 있습니다.
그런데도
의연한 척해야 할 때도 있습니다.

그래도
하나님 아버지
하나님을 아버지라 부를 수 있어
참 좋습니다.
참 다행입니다.

## 긴 기도여

새들이 산마루를 넘어가고
바람도 새소리도
함께 따라 가고
신록은 눈부셔도
새소리도 없는 숲은 적막하다

바람이 되돌아오면
새들도 돌아오려나
기다림은 언제나
하염없이 흐르고
다시 올 것 같지 않은 소망
그래도 포기하지 않으려는
허우적거림이여
안타까움이여
긴 기도여

# 갈림길

다시 꽃피우지 않는 고목
석양에 드리워진 긴 그림자
슬픔과 안타까움
순교도 순교자도 없어진 민둥한 시대
영악한 계산
교묘한 타협
고갈되는 영력(靈力)
휘청거리는 빈혈
장송곡도 끊긴 숫자로만 충만한 세태

외로운 반역 – 무리 없는 순응,
생명 빛 황혼 – 비릿한 저녁 어스름,
이젠 더 미룰 수 없는
갈림길

## 괴로운 나날

밥 먹기가 송구한
괴로운 나날
밥은 하나님 사랑이며 생명인데
감사와 사명이
밥 먹는 이유이거늘
오욕과 자괴에
밥 먹는 이유를 잃어버린
무너진 마음

식탁기도가 길어지고
눈물과 함께 군색한 변명
그래도 산자의 땅에 있음이여
이런 때 밥 먹는 것은 소망과 용기를
새롭게 하기 위함이기도 하느니
혼미한 속에서도
하나님 붙잡은 손을 놓치지 않기
위함이기도 하느니

그런데도
편치 않은 마음
괴로운 나날

## 나의 길을

이해할 수 없어, 이해할 수 없어
떨어지는 눈물
숨죽이며 꾹꾹 눌러 담고 돌아누울 때, −
아무 말 없이, 아무 말 없이
사랑 때문에
십자가에서 찢어진 심장 내보이시고
가시던 길 그렇게 그렇게 걸어가시는
그 분, −

아픔은 배가 되고
그 아린 사랑
창호지 물 번지듯 가슴 속에 젖어 들고,
노래는 울음 되어 찡하게 전해 오는 전율, −
다시 몸 추슬러
십자가를 지고
십자가를 지고
말없이 나의 길을 걸어가고, −

# 내 안에는

내 안에는
나에게도 낯선
내가 산다.

내 안에는
나도 끔찍이 싫고 미운
내가 많다.

내 안에는
황량한 숲 속
외로운 늑대처럼
울부짖는 내가 있다.

그리고
내 안에는
그런 나를 보듬어 안는
그리스도가 계신다.

## 온 밤을

변명으로 버텨지는 진실은 슬픈 것이다
설명해야 받아들여지는 마음은 서글픈 것이다
합리화로 짜깁기된 진리는 역겨운 것이다
맹세로서만 지탱되는 언약은 씁쓸한 것이다
고통이 쌓인다.

군더더기로 점철된 나의 허위
비웃듯 헤살 궂은 나의 심사
얼기설기 엮어진 나의 체계
부풀어 오르기만 하는 나의 거짓
힘든 기도가 마구 솟아오른다.

부르짖음이 오열로 터져 나온다
주님의 장성한 분량이 내게도 은총으로
이루어질 것을 믿으며, 믿으며
온 밤을, 온 산이 울리도록 기도드린다.
피땀으로 먼동이 터 오르기까지 울부짖는다.

정갈한 아침 새소리,
그분의 세미한 음성으로 들려올 때
꿇은 무릎 펴고 새로운 다짐으로 일어선다.

또 다시 생활에서 무너져 내린다 해도
두렵지 않다 염려가 없다
열 번 넘어지면 열한 번 엎드리리라
단심(丹心) 믿음과 감사로
아침 공기가 마냥 생기롭고 윤기가 넘친다.

## 물어보라

정말 앞이 캄캄하고
아무 것도 보이지 않으면
바다에 나아가
바다를 지으신 분에게
물어보라
"저 수평선 너머에는
아무 것도 없느냐?"고

정말 마음이 무너져
아무 것도 할 수 없거든
바다에 나아가
바다를 지으신 분에게
물어보라
"파도가 넘을 수 없는 그 절망된 수고를
어떻게 그렇게 지속하고 있는지?"를

정말 포기하지 않고
자유로워지기를 열망한다면
바다에 나아가
바다를 지으신 분에게
물어보라
"바다가 언제 다 말라
그 싯푸른 한(恨)을 다 풀 수 있을 것인가?"를

정녕
잠들 수 없는 날들이
그렇게 찾아온다면
바다에 나아가
바다를 지으신 분에게
물어보라
"나는 누구인가?"를

# 그 대

그대, 쓸쓸하신가?
그대, 답답하신가?
그대, 감당할 수 없을 만큼
힘겨우신가?
눈을 들어 하늘을 보시게
산, 구름, 바람
해, 달, 별……
그들 이야기를 들어 보시게

그대, 말 할 수 없이
눈물겨우신가?
그대, 마음 둘 곳 없이
허허로우신가?
눈을 들어 하늘을 보시게
존재하는 모든 것을 향한
그분 이야기를
들어 보시게

# 눈 물

눈물 없는 구원은 없다
눈물 없는 평화는 없다

눈물은 너그럽게
눈물은 낮아지게
눈물은 회개하게
눈물은 하나되게 하느니

사람을 위해 우시는 그분
그분의 눈물
그분의 구원

## 아하, 주님은

고달픈 사람들
가장 낮은 자리에 웅크린 이들,
낮은 목소리로, 소리 없는 몸짓으로
들려주는 이야기들 –

눈물로, 무릎으로
섬기는 성자같은 목사님 보다는
유능한 관리자, 근엄한 사령관 같은
분들이 늘어난다고 하고,

겸손과 충성으로
모두를 함께 살려가는
어버이같은, 형제같은
교우들보다는
주인의 세도, 벼슬같은 권위로 군림하려는
분들이 많아진다고 하고

뜨거운 열정의 청년은 간 곳 없고
순진한 아이들은 사라지고
잡스러운 이야기가
점점 목소리를 키워간다고도 하고

교회는 커져가도 영력(靈力)은 줄고
교회생활은 세련되어도 허전한 마음들은
채워지지 않는다고도 하고
…….

아하, 주님은
지금 어느 곳에서 서성대고 계시는가?

## 슬픔과 연민

불혹(不惑)이 지난 지 한참인데도
흔들리는 마음 어쩌지 못하고
지천명(知天命)의 고개를 넘은 지 오래인데도
오히려 모르는 것만 더욱 또렷해지고

속절없이 세월은 흘러
아침저녁으로 쇠약해지고 후패해지는데
참, 부끄러움 없이 그분 만나야 할 텐데
누적되는 슬픔과 연민

어이 하리,
구원의 손길은
사십도 못 돼 죽은
그분에게서 오는 것을

## 하늘엔

바다는 산보다 훨씬 더 외롭다.
산은 들보다 훨씬 더 외롭다.
들은 사람보다 훨씬 더 외롭다.
존재의 근원에 가까울수록
훨씬 더 외롭고 확실하다.

그래
바다는 하늘보다 훨씬 덜 외롭다.
바다엔 하늘이라도 비치지
하늘엔 아무 것도 비치지 않지

## 외로움도

메마른 땅
힘겹게 홀로 피어난 노란 민들레
아무도 돌아보지 않는
안타까운 기다림 속에
하얗게 세어버린 마음을 날려 보내고
보상 없는 사랑의 수고에
그 밑 모를 막막한 외로움

양떼, 푸른 초장, 건초더미
하루에도 겹치는
겨울, 봄, 여름, 가을
눈, 이슬, 비, 안개
천지간에 대화는 오직 말없는 교감(交感)
홀로 버티어 선
목자의 견고한 외로움

외로움은
홀째 잠들지 않는

「깨어있음」임을 터득하면
때론
외로움도 힘되고, 평안되고
존재의 어설픔을 뭉그려
넉넉함을 지어 가나니

## 힘겨운 싸움

어둠이 남몰래 찾아와 손 내밀면
그 손을 붙잡고 은폐된 환락에로
끝도 없이 따라 내려간다
끝도 없이 내려간다

빛이 다정히 다가와 손 내밀면
그 손에 붙들리어 숨겨진 치욕에서
발버둥치며 이끌려 나온다
발버둥치며 이끌린다

저 달콤한 죽음의 손길
저 거칠은 구원의 손길
두 손길 사이에 끼인
힘겨운 싸움

# 봄이여

봄을 애타게 기다리는 것은
겨울의 추위 때문만이 아니다
봄을 힘써 오게 하려는 것은
겨울의 의미를 몰라서만이 아니다
우리가 봄을 절규하여 부르는 것은
끝내 봄이 오지 않으면
흔적도 없이 사라질
너의 생명 때문이다
너와 나, 우리들의 생명 때문이다

봄이여, 봄이여, 우리들의 봄이여
그분이 꽃피우신
갈릴리 생명의 봄은
이미 우리 곁에 와 있지 않은가?
아! 입춘이 내일 모레다

# 마지막 사람

아마 이제 여긴 광야
새들도 떠나 버리고
서 있는 것이라곤 벼락 맞은 당산나무
매운 열풍에 말려 간
이 땅을 살찌우던 모든 생명들을 위해
호곡할 이도 없는 것 같은데
피울음으로 목 놓아 울며
사람을 찾는 마지막 사람
생명들을 부르는 마지막 절규

어디서 실려 오는 새소리
사람 웃음소리
살아나는 생명들

# 부끄러움은

부끄러움은
두꺼운 지각을 뚫고
아지랑이로 끊임없이 피어 올라
온갖 상념으로
나른한 육신을 휘청거리게 하고,

부끄러움은
새벽녘 짙은 안개로
유령처럼 솟아올라
온갖 거짓을 은폐시켜
무상(無常)히 사라질 아름다움으로
뭇시선을 미혹케 하나니

부끄러움의
저 알 수 없는 정체여
진실이여

## 해운대에서

좌절된 꿈이
멋쩍은 흰 웃음을 토해내는 곳
한껏 고인 눈물이 넘치듯 멈추는 곳
바닷바람이 모래를 실어
그나마 위안을 보내 주는 곳

씁쓸히 돌아서며
수평선 너머로 떠가는 구름 위에
소망을 적어 보내도
아쉬운 마음,
끝내 진정되지 않는 서글픔

그래도 눈부신 가을 햇살
파도에 숨쉬는 영감
모든 것에 그럼에도 불구하고 ―,
끊임없이 초월을 꿈꾸게 하는
그저 외경스러운 현란한 생명

그 규정할 수 없는 무엇과도 같은
바다 그대로의 평강

## 고통의 시간

읽고, 쓰고, 준비하고
기도에도 지쳐
외롭고 괴로울 때
속마음 헤쳐
편지라도 쓰고 싶은데
생각해 보니
부칠 곳도 없네 그려

막막한 사정에
답답한 마음을 베껴
어렵사리 띄운 편지
기다려도 오지 않는 답장
오늘은 또 이렇게
하루해가 지네 그려

멀리 바라 뵈는 빈 하늘
슬픔 같기도 하고
사려 깊은 말씀 같기도 하고

읽을 수 없는 하나님 마음
고통의 시간이네 그려

## 오늘은 그저


오늘은 아무런 간구도 없이
그저 당신 앞에서
펑펑 눈물만 쏟고 싶어요.
무거운 사명도 내려놓고
그저 당신 면전에
휑그러니 앉아 있고만 싶어요.

절제의 당위도 벗어 버리고
그저 당신 발밑에
널부러져 있고만 싶어요.
자꾸만 쌓여만 가는 변명과 거짓의 멍에를
훌훌 털어 버리고
그저 당신 품에 기대어 잠들고 싶어요.

더 버텨낼 것 같지 않은
꿈같은 소망과
기다림의 허기를 풀어내고
오늘은 그저

앞서 가시는 당신을
저만치 떨어져 바라보고만 싶어요.

# 나무는 지금

자랑스럽던 열매도 다 흩어지고
마지막 잎새마저 떨어지고
나무는 다시 슬픔처럼 고요하고
바람도 새도 없는 숲에는
그저 허허로움만 눈처럼 내려앉고

감춰였던 부끄러운 온갖 상흔들만
속절없이 드러나
그 소리도 없는 처연함에
상록수들마저 스산하고
때 아닌 겨울비에 심난하기만한데,

가지 끝마다 달려있는
눈물 같은 맑고 영롱한 빗방울들,
그 속에 담겨있는
전혀 새롭고 눈부신 온전함의 세계 —
나무는 지금
크게 숨을 고르는 중
숲은 지금 가장 행복한 시간

제 3부
풍경

Rest & Cafe

제주도 하귀리 가문동, 해안도로 초입에 〈풍경〉이라는
지중해식 건물로 지어진 아주 멋진 카페 겸 레스토랑이 있었습니다.
제가 처음 이 〈Cafe & Rest. 풍경〉에 드나 들 때는 주변 풍광이 거의 자연
그대로의 모습을 간직하고 있었습니다.
가끔 찾으면 그렇게 좋을 수가 없었습니다. 손님들을 모시고 가서
내 집처럼 자랑하기도 했습니다. 거기서 차 한 잔을 마시고 있노라면
부러울 게 없었습니다. 자연 시정(詩情)이 넘쳤지요.
어떤 때는 메모지에 어떤 때는 네프킨에 저절로 시가 써졌어요.
그런데 어느 날 찾아보니 경영난이었던지 문을 닫았더군요.
마음이 아팠고 허전했어요.
추억을 모으듯 그때 썼던 글들을 모아보았습니다.
일전에 다시 찾아보니 건물은 그대로인데 〈그집〉이라는 두루치기
전문식당으로 변해있더군요. 그래도 문이 열려 있어
들어 갈 수 있어서 얼마나 고마웠던지!
다행히 제가 차를 마시고, 시를 쓰던 2층은 그대로 보존하여
문화공간으로 사용하고 있더군요.
이 시들을 그때 〈풍경〉을 사랑하던 사람들과 함께 나누고 싶습니다.

## [풍경 1] 풍경 만남

비 머금은 따뜻한 구름
상큼한 은회색 바다
해송(海松) 휘어잡는 제법한 바람
사이사이 묘사할 수 없는
좋은 여백
아름다운 풍경
만남의 신비

바람이 바다를 간지르면
온통 깔깔거리며 뛰어다니는 파도굽이
구름이 바다를 감싸 안으면
정녕 수줍어 이내 달아버리는 바다 얼굴
바람, 구름
함께 찾아와 문 두드리면
갑자기 전혀 다른 신기한 표정
생생한 숨결
전율스러운 생명 경이

더 할 수 없는 좋은 오후
오롯한 쉼
아름다운 풍경 만남

[풍경 2] **수평선 풍경**

유리창 밖 수평선 풍경
박제된 세상
빙긋한 절망과 추락
갇혀 증발해 버리는 현실과 피안

움직임은 피곤하고
바람도 파도도 부질없는데
수평선에 누워
거짓된 시든 꿈 비웃는 평안함

이를 깨뜨리는 왕파리 한 마리
유리창 안의 자유로운 비행
생명의 아름다움
깨어나는 또 다른 수평선 풍경

## [풍경 3] 고마운 풍경

오늘은 누구의 상처 감싸 안으려
이리도 잔잔하신가?
밤새 거친 분노를 토해내더니

오늘은 누구의 고통을 위로하려
이처럼 잔잔하신가?
거침없이 걸쭉한 육담 퍼부어대더니

오늘은 누구의 고달픔을 달래주려
이리도 잔잔하신가?
살벌한 질책의 채찍 휘두르더니

따뜻한 햇살에 기대어 세월을 낚고
어심(魚心)도 해심(海心)도 하나 되고
물질하는 잠녀(潛女)들의 긴 숨비소리
겨울바다 체온을 만들고
모두 다 평온한
고마운 풍경

## [풍경 4] 출어(出漁) 풍경

닻줄 감아올리고
밤바다로 출어하는
가문호, 제신호, 금성호, … 작은 배들
서로 닮은 서너 명 어부
말없어도 눈빛으로 통하는 출항
거기 힘든 자유가 있고
영근 삶이 있지

기름값, 조업금지구역, 대출금, ……
고달픈 현실에 눌려
처진 어깨 어쩔 수 없어도
밤바다로 나가면
그래도 숨 쉴 수 있지
겨드랑이에 날개도 돋고
고기 궤짝만한 소망을 누릴 수 있지

포기할 수 없는 출어
삶을 향한 출항 풍경

## [풍경 5] 바람 풍경

구름 없는 해맑은 하늘
그저 빛나는 파란 겨울 바다
바람의 산책
신령한 삶의 환희로
연출되는 풍경

잡티 없는 순결한 햇볕
그저 눈부신 하얀 해변 억새꽃
사심(私心)없는 어여쁜 바람
신성한 빛의 군무(群舞)로
새겨지는 풍경

섬세한 바람이랑
정갈한 바람결
비로소 탄생하는
생·명·풍·경
바·람·풍·경

## [풍경 6] 만조 풍경

가득 참은
때론 부요이기도 하고
결핍이기도 하다
방파제가 잠길 듯
차오르는 터질 듯한 풍만함은
호흡이 가빠질 만큼
여백의 상실이다.

힘으로 채워진 세상은
얼마나 두려운가?
거짓으로 덮여진 평화는
얼마나 참담한가?
가장된 완벽 속에 침몰된 가능성은
얼마나 큰 절망인가?
위장된 지혜로 편만해진 어리석음은
얼마나 우스운가?
색정(色情)으로 넘실대는 비릿함은
얼마나 끔찍한가?

그래, 가득참은
때로 부요이기도 하고
때로 결핍이기도 하고,
그렇게 넘실대는
만조 풍경

[풍경 7] **행복한 풍경**

맑고 따사로운 겨울 햇살
욕심 없이 지나가는 하얀 구름
빠른 듯 느린 듯 허허로운 바람들
수시로 빚어내는
신비롭고 오묘한 바다 빛깔,
함께, 홀로 하는
끝없는 어울림과 비상들
호흡 멈출 듯한
눈꽃송이 같은 백색 군무(群舞)
행복한 갈매기 떼

체감 영하 5도 상큼한 바닷바람
숨결마저 황홀하고
바다에 누우면
요람을 흔드는 엄마 손 같은
물굽이가 손에 닿고
다정히 어깨 감싸고
수평선 나란히 걷고 또 걸으며

언제까지 사라지지 않는
아름다운 사람들
그들과 그들의 행복한 풍경

## [풍경 8] 사람 사는 풍경

밝고 아름다운 세상
사람 속에 빛이 있음이지
어둡고 추한 세상
사람 속에 어두움이 있음이지
대명천지에서도
한 치도 나아갈 수 없고
흑암이 세상을 덮어도
거칠 것이 없기도 하지

바다엔 때로 어두움도 내리고
바다는 때로 빛으로 거듭나기도 하지
어두움에 지치고 힘겨우면
빛이 있음이 소망되리
빛에 무료하고 오히려 거치면
어두움도 징검다리되리
그려, 본래 어두움은 없는 것이니
다만 빛이 부족할 뿐이니

빛도 어두움도 사람 안에 있지
어두움과 빛이 뒤섞인
사람 사는 끈적한 풍경
빛으로 구원받을 풍경

## [풍경 9] 엉뚱한 풍경


바다가 잘 보이는
풍치 좋은 카페에 홀로 앉아
감흥에 겨워 시를 쓰다가
훔쳐보는 고혹한 눈길에
들뜨는 행복한 착각

바다를 감싸 안은
푸근한 카페에 홀로 앉아
커피 한 잔에 고달픔을 털어 내다가
가끔 부딪히는 뜨거운 눈길에
잠깐 빠지는 즐거운 상상

스스로도 염치없어
빙긋한 미소
엉뚱한 마음
엉뚱한 풍경

## [풍경 10] 사랑 풍경

바다를 온통 뒤집어 놓는
폭풍경보 속의 파도,
수평선도 지워 버리고
해중산맥을 무너뜨리고
방파제도 뛰어 넘고
바다 속 해조류 뿌리째 뽑아들고
파도는 무엇 때문에
그렇게 달려오는가?

사랑 때문이다.

시린 가슴 멍든 마음
따뜻하게 보듬어 안으려
저마다 외롭고 쓸쓸한 인생
탁 터놓은 말동무 되어 보려
시도 때도 없이 쓰려오는 애틋한 상처
싸매주며 달래주고 싶어
혼신의 정열로 달려오는 파도,
폭풍경보 속의 사랑 풍경

[풍경 11] 빗물 풍경


들이치는 빗줄기
유리창을 타고 내리는 빗물

종이시계가 가리키던 시간이 지워져
그저 허허로움으로 다가오고
폭풍을 피해 정박해 있는
배들은 형체도 색깔도 뭉그러지고
지붕도 보리밭도 해송(海松)들도
흔들리는 존재처럼
명징(明澄)함을 잃어버리고 …….

시간과 공간이
해체되는 아릿한 순간에
더욱 또렷이 다가오는
가려졌던 실체들, 사라졌던 본질들
진실된 모습들이
온갖 속박을 벗고
함박웃음으로 다가오는 …….

들이치는 빗줄기
빗물 흘러내리는 유리창 너머로
인상파 그림 같은 빗물 풍경

[풍경 12] 포구 풍경


햇살 비쳐 졸립고
바람도 없어 벙벙한 오후
오랜만에
관탈섬(冠脫島)도 그냥 섬으로 보이고
분주한 어부들도 그저 사람으로 다가오고
만선 깃발도
아무렇지도 않은 빨강, 노랑, 오색 천 조각.
애써 벗겨내지 않아도
있는 그대로 아무 말도 않는
조용한 오후

몇 차례 한파 뒤에
따뜻한 오후
굳이 감동이 없어도 좋은
한가로운 포구 풍경

## [풍경 13] 그리 그리한 풍경

찻잔 속에 담긴 바다
다기 안에 남은 산하
다향으로 피어나는 세상

사랑도 있고
슬픔도 있고
정의가 있는가 하면
거짓이 활개 치고
평화와 거룩도 있는데
싸움과 그 망가진 모습들은 무엇이던고?

아무리 대단해 보여도
모두 찻잔 속의 세상,
그 마음 안의 풍경
그리 그리한 풍경

## [풍경 14] 담담한 풍경

견딜 수 없는 외로움에 찾은
바다엔
함께 해 줄 외로움이 없었네.

실컷 소리쳐 울고파 찾아온
바다엔
터져 나오는 눈물이 없었네.

쓰러질 듯 지쳐 찾아온
바다엔
한 뼘 기댈 자리가 없었네.

꺾여진 마음,
고달픈 마음 달래보려 찾아 온
바다엔
한 줌 온기도 없었네.

바다는 바다

바다가 그렇게 있기에
오히려 위로가 되는
십자가 침묵 닮은 담담한 풍경

[풍경 15] **창틀 풍경**

창틀 안에 그려 넣은
석양에 빛나는 눈 덮인 한라
바다에 빠져 잘려진 그림자가 안쓰럽고
긴 이야기는 끝 간 데 없는데,
내일이면
또 다른 그림으로 그려 넣고
또 다른 이야기로
감동을 만들어 낼 터인데

언제 창틀을 깨뜨릴 건가
창틀 없이 그려지는
그림과 이야기는 언제나 보게 될 건가?
어쩔 수 없어
창틀로 제한된 말씀
창틀이 그리는 풍경
포기할 수 없는
바람들, 그 모색들

[풍경 16] **오래된 풍경**


바다 위에 내려앉는 눈꽃송이
은빛 황홀한 세계 꿈꾸었을 테지만
보람도 없이 파도에 쓸려
금방 바다 빛에 물들어가고…….
바다에 눈 내리는 풍경

조금은 허무해지기도 하고
조금은 편안해지기도 하고
어쩌면 쓸쓸하고 답답하고
어쩌면 그렁그렁 행복하고
알 수 없는 바다에 눈 내리는 까닭

여전히
바다엔 바람도 불고 파도도 치고
눈도 내리고 새떼 날아가도
눈꽃송이는 그렇게 하염없이 내리고…….
바다에 눈 내리는 오래된 풍경

[풍경 17] **봄날 풍경**


달력엔 진분홍 진달래
흐드러지게 피어지고
일몰시간도 눈에 띄게 물러나 있고
대문마다 써 붙인 입춘대길(立春大吉)
벌써 누렇게 바래가는데

창밖 포구엔 아직도 눈보라가
메마른 가슴에 파고들고
두꺼운 외투자락 여민 쓸쓸한 사람들은
더욱 마음 둘 곳 없어 스산하고
아, 정녕 춘래불사춘(春來不思春)인가 ?
누구래 그렇게 막아서고
누구래 그렇게 붙들고 있는가?

봄 속의 겨울 풍경
모진 삭풍에도
아직도 꼿꼿한 회갈색 억새 밑둥에
돋아나는 새 순

끝까지 버텨 서던 그 힘겨운 싸움의 의미
겨울이 담겨 있는 봄날 풍경

## [풍경 18] 아리아리한 풍경

한을 품은 억울한 사람들이
봄을 기다리는 거지
세상을 뒤집어 보고 싶은 사람들이
봄을 갈망하는 거지
봄은 항거의 함성
봄은 해원(解寃)의 눈빛
봄은 혁명의 몸부림

그런 염원 속에 봄은 오지
비온 후 어느 날 거사(擧事)날 삼아
일제히 떨쳐 일어나
바람을 바꾸고, 햇빛도 바꾸고
세상을 바꾸어 놓지
그 뜨거움에 기온도 마구 오르지
온 세상이 환희로 달아오르지

그러나 시작 안에 이미 배태된 끝,
어찌하랴 새로움 속에 감추어진

그 지긋지긋한 흉물스러운 옛것들 …….
그래 어찌하든
봄은 구원을 일깨워 주지
봄날의 새싹 풍경
그 아리아리한 풍경

[풍경 19] 두 얼굴의 풍경


바다는 실패를 만들어 낸다.
다시 일어 설 수 없는
쓰라린 좌절과 절망을 가져다주고
아무렇지도 않은 듯
돌아 앉아 딴전을 피운다.
야속한 바다, 잔인한 바다
얼마나 많은 싱싱한 사람들을
삼키고 욕되게 하였는가?

바다는 실패를 보듬어 안기도 한다.
어떤 것도 토해내지 않고
주검까지도 가슴에 묻어주고
천년을 앓아
맑고 푸른 영혼으로 일구어 낸다.
포용의 바다, 은혜의 바다
얼마나 많은 한(恨) 된 사람들을
씻어내고 살려내곤 하는가?

두 얼굴의 바다 풍경
보다 큰 한 얼굴의 바다 풍경
언제나 보고 싶게 하는
그 신비한 바다 풍경

## [풍경 20] 늦봄 해변 풍경

눈부심이 사라진 끝물 유채꽃 너머
막 황숙기로 접어드는 비단결 보리밭
밟힐 듯 갓길 자운영 흰 꽃들
함께 어울린 이름 모를 예쁜 야생화들
해 넘긴 누런 줄기 사이 새순 돋는 억새 풀
굽어보는 졸린 듯 느긋한 해송(海松) 몇 그루

바람도 없이 밀려 들어와
풍요로움을 넓혀가는 밀물
〈풍경〉, 〈종이시계〉,
〈바다 · 사랑 · 그리고 추억〉
〈삼다도〉, 〈야구인의 집〉,
신축 중인 건물들을 돌아
바다가 훤히 열리는 반대편에
하늘을 향해 솟은
방송국 안테나 여섯 개

이 늦봄 해변 풍경은
무슨 메시지를 쏘아 올리는 걸까?

[풍경 21] 조금 풍경


저기도 그 출렁이던 바다이었나?
거의 바닥이 드러나게 물 나간 바다
정지 화면 같이
온갖 추억과 상상력을 불러일으키고

거의 물때 마지막에
포구로 들어오는 제신호도
속살 헤집듯
조신하게 겸허하게 물살을 헤치고

눈부신 오후 햇살에
싯푸르름이 사라진
밍글밍글한 백색 바다로
다가오는 또 다른 경이로움이여

더 많은 것 열어 보여 주려
혼신의 힘을 다 쏟고
널브러져 있는

조금 때의 바다 풍경

그래
바다가 더 낮아지고
더 넓어 보이는
조금 때의 바다 풍경

## [풍경 22] 잠들고 꿈꾸는 풍경

일상에 지쳐 정지된 바다에 누워
커피향에 묻혀 스르르 잠들어
얼마나 지났을까
무언가 이상해 눈 떠보니
어어 이미 썰물 때,
휑하니
세상이 바뀌고
오래 전에 잃어 버렸던
온갖 소중한 것들
자유, 사랑, 생명
소담한 함박웃음
앙징스런 추억
그리운 친구들, 보고 싶은 사람들
평범한 기쁨
싱싱하게 살아오고

꿈에 취해 하늘로 이어진 바다
자궁(子宮) 같은 편안함에 푸근히 잠겨

얼마를 지났을까
상큼한 바람, 퍼뜩 눈 떠보니
어느새 밀물 때
충일한 바다. 넘실대는 물굽이
세상이 바뀌고
오랫동안 갈구하던
모두가 소망하는 것
생명, 용서, 화해
새 살 돋아 아무는 상처
보듬어 안는 무한 포옹
살아가는 보람, 능력
넓혀지는 삶의 지경
강렬하게 채워지고

눈 감고 눈 뜰 때마다
비어지고 채워지고
또 세상이 바뀌고
채워지면 비어지며

비어지면 채워지며
들락날락한
우리네 삶의 풍경
잠들고 꿈꾸는 풍경

## [풍경 23] 연습 풍경

포구에 정박한 저 배는
몇 번째 출항을 준비하는 걸까?
바다에 떠있는 저 배는
몇 번째 귀항을 꿈꾸고 있는 걸까?
아하
나는 몇 번이나 더 이 자리에 앉아
그것들을 세어 볼 수 있을까?

언젠가 지독한 패배처럼
다시 출항하지 못하게 되겠지
언젠가 처절한 죽음처럼
다시 귀항하지 못하게 되겠지
그려 나도 언젠가
별스럽지 않게 패배를 인정하고
호들갑스럽지 않게 죽음을 받아들이며
훌훌 자리를 털고
미련 없이 일어서게 되겠지

출항, 귀항
그리고 조용한 응시
더 이상 출항이 없어도 좋고
더 이상 귀항이 없어도 좋은
모든 걸 제자리로 돌리는
언젠가를 위한
부단한 연습 풍경

[풍경 24] 떠남 풍경


떠날 때가 되면
모든 게 덤덤하게 돼
떠날 때가 되면
모든 게 안쓰러워져
떠날 때가 되면
미움도 사랑되고
한(恨)된 마음도 풀어지게 되어

떠날 때가 되면
한층 더 아쉬워지고
떠날 때가 되면
한편 더 착잡하고
떠날 때가 되면
쓸쓸함도 더욱 진해지고
패배감도 한결 무거워지니

남는 자를 위한 배려
평상심을 잃지 않는 감사

약간은 서운함과 흥그러움도
어우러지는 떠남
흔히 있는 떠남 풍경

[풍경 25] **귀향 풍경**

힘겹고 험악한 세상에
돌아갈 곳이 있다는 것은
얼마나 큰 위안인가?
지치고 꽉 막힌 세상에
돌아갈 곳이 있다는 것은
얼마나 큰 행복인가?

잠시 들려 쉴만한 곳,
아무도 몰래 숨어들어
그렁그렁한 눈물을 쏟을 만한 곳,
나만의 쉼터
지루한 굴레에서
영원히 벗어나 돌아갈 곳,
마음의 본향

길은 어디로 향하나
결국은 돌고 돌아 하나로 만나고
포구 또한 그러하고

떠남이 있어 돌아옴이 있고
돌아옴이 있어 떠남이 있는 곳
떠남과 돌아옴이 공존하는
분주한 마음, 편안한 마음
길
포구

겨울 햇살로 빛나는 길
가끔 오가는 자동차
다가오고 멀리 가는 파도
떠나가는 배 돌아오는 배
슬픔도 다가오고
회한도 물러가고
진실만으로 정제되는 곳

폐쇄회로에서 벗어나는
또 다른 길
바다

하늘
영원한 본향
그리운 마음
소망스런 귀 향 풍 경

# 제 4부
# 꿈을 캐내어라

## 꿈을 캐내어라

꿈을 캐내어라
구원의 손길 하나 없는
우리의 병들고 암울한 시대와 삶을
해방으로 비상시킬
생명의 꿈을 캐내어라

봇물이 터져나가 듯
너와 나를 우리 되지 못하게 하는
굳은 담들을 마침내 무너뜨리고
폭죽처럼 터져 나오는 희열 속에
우리 사랑하며 「함께 사는」
그 꿈을 캐내어라

역사의 절망 속에서도
바닥없는 역사의 늪을 딛고 섬으로써
먹장구름 보다 언제나 더 높이 빛나는
「새 하늘과 새 땅」
이 땅에 열리는

빛난 새 꿈을 캐내어라

꿈을 캐내어라
발목 시리도록 수고해서라도
모든 것 다 내어 주고서라도
꿈을 캐내어라
꿈을
꿈을

# 빛 기둥


골안개 짙은 어두움을 뚫고
깊은 산곡으로 꽂혀지는 계시 같은 빛기둥
산안개 어스름에 휩싸이기를 끝내 거부하고
어두움을 찔러 내려는 힘찬 거봉들은
목마른 기다림 속에 기립 박수를 친다.

선민들을 지키던 불기둥
정처 없는 백성에게 불기둥
그 위로와 희망
최후 타작마당에 솟을 불기둥
무릎 꿇고 사는 백성에게 불기둥
그 심판과 승리

계시 같은 빛기둥
우리 삶에 내려 꽂히어라
기다리던 거봉같이
그 때 그 사람들같이
우리도 함께 손뼉 치며 환호하리라

## 나의 노래

가성(假聲)으로 길들여진 서러운 세월에
흰머리만 늘어가는데
한 마디 노래를 불러도
언제 나의 노래를 부를 수 있으려나
바람소리에 귀를 기울이세나
물소리에 마음을 열어 놓으세나
새소리에 생각 전부를 주어보세나
노래하기 위하여
오래 오래 침묵하는 것을 겸허히 배우세나

그리해서
삶의 진실을 진하게 살아나 보아야 하지
정성스레 사랑의 초극(超克) 이루어야 하지
숨길 수 없는 진실을
터져 나오는 자유를
어쩔 수 없는 사랑을
삶의 노래로, 위로의 노래로
눈물과 더불어, 춤과 더불어

한 가락 한 가락 온몸으로 풀어내야지

아하, 한 마디 노래를 불러도
언제 나의 노래를 부를 수 있을거나

# 마라나타

그를 기다리고 있지
언젠가 말씀만으로
절망의 늪에서, 미움의 질곡에서
내 손 잡아 일으켜 사람으로 세워주던
그를 기다리고 있지

참 알 수 없는 일이지
왜 그를 이렇게 기다리는지
그저 기다리는 것을 넘어서
이젠 존재의 당위가 되어 버렸지
이러다가 정말 그가 내 앞에 서면
어떻게 그인지 알아볼 수 있을지 —
허나, 그건 별 문제 아니지
만나기만 하면 이내 알아볼 수 있지
그는 누구에게나 그이기 때문이지

이런 목마름을, 이런 기다림을
사랑이라 부르는 것이겠지

무엇이라고 이름 붙여도 좋으니
이것으로 그를 만나는 것이겠지
마라나타, 마라나타 −
그건, 그를 기다리는 소망이지
그 안에 거하는 믿음이지
그를 살아가려는 사랑이지
그러니 낸들 어찌하겠소
그가 불붙여 준 이 사랑의 상사병(相思病)을

## 이제 하늘이 보이느냐?

거기에는 하늘이 없었다.
하늘이 없었기에 땅도 없었다.
그리고 사람도 보이지 않았다.
어두움만이 있었다.
그 속에서는 눈을 뜨고 있어도
아무 것도 볼 수 없었다.

천(天) · 지(地) · 현(玄) · 황(黃)
죽어버린 검은 하늘
누렇게 떠버린 대지(大地)
그 사이에 낡은 언어로 갇혀버린
거뭇거뭇한 회색 인간들 –
그것이 전부였다
다른 세계도 없었다.
다른 빛도 없었다.

거기에 하늘이신 그분이 오셨다
두려웠었다.

거부하고 싶었고, 달아나고 있었다.
그 때 그분이 다가와 눈을 만져 주셨다
그리고 물으셨다
"이제 하늘이 보이느냐?"

거기에는
그렇게 보려했던 놀라운 하늘이 있었다.
비로소 사람이 사람으로 있었다.
생명, 빛이 무지개처럼 뻗어나고 있었다.
그리고, 그리고
말할 수 없는 찬양이 있었다.
이젠 눈을 감고 있어도
모든 것이 밝히 보였다

## 소중한 건, 아름다운 건


남은 얼음조각 안고
천천히 자유로이 흐르는 강물,
기쁨으로 찬 물살 헤치는
활기찬 청둥오리,
즐거이 바라보는 한 줄로 선 강둑 포플러,
터지는 황홀한 환성(歡聲)
서로만 아는 내밀한 교감(交感)
꾸밈없이 서로의
존재에 참여하는 사랑

녹아지는 얼음에 한결 싱그러워지는 강심,
다양하게 비치는 정결한 포플러 자태,
어느 순간도 놓치고 싶지 않은
청둥오리 사랑스러운 눈망울,
머무르고 싶은 아쉬움을 떨쳐내며
후덕한 마음으로 더 낮고 멀리 흐르는 강물
그 겸손한 외길
있는 그대로 서로에게
발견되는 사랑

## 화초 양귀비

때론 외롭고
때론 그립고
착잡함과 아쉬움이 겹치고
점점 지치고
눈물 또한 번지는데
빈 하늘
녹색 벌판
쓸쓸한 바람 사이에
그래도 무리지어 피어난
빨간 화초 양귀비

온갖 시름 넘어서는
그 강렬한 숨결
그 불굴의 희망

## 새로 열리는

시간이 갈아입히는 식상한 공간들
공간이 펼쳐주는 무료한 시간들
스러져 간 그런 지난날들
낡아빠진 이런 가늠자 틀들
그 피곤한 반복들

기억 속에 박제된 흐릿한 추억들
추상 속에 해체된 엉성한 구조들
공간 안에 속박된 시간들
시간 안에 갇혀진 공간들
더 이상 담아낼 수 없는
길, 진리, 생명
그 답답함, 그 씁쓸함
그리고 무상함
눈물 고이는 슬픔, 맥 풀리는 허무

그저 출렁이는 시간의 황막한 바다
기러기 날아간 공간의 헛헛한 자국
때가 차매 거기에 찾아오시는 그분,
세워지는 십자가 – 내리 꽂히는 영원
시공(時空)과 영원의 만남
구원받는 시간, 해방되는 공간
새로 열리는 길, 진리, 생명
그 빛난 일상 속의 새 하늘, 새 땅

## 나무는 기다림

나무는
아무래도 기다림
한 번 뿌리내린
언약의 땅을 떠나지 않는
믿음의 기다림.

새싹을 틔우고, 잎들을 살찌우고
낙엽을 흩뜨리고, 속살을 드러내고
나무는
거기 서 있어야 할 온전한 모습
피워내려는 소망의 기다림.

포기해 본 적도, 지루해 본 적도
불평해 본 적도, 힘겨워해 본 적도 없이
나무는 존재의 메시지
생명의 언약을 언제나 새롭게 전하는
사랑의 기다림.

나무는
새들의 자유와는 또 다른 자유
존재를 존재이게 하는
기다림의 자유
그 황홀한 존재의 자유

## 새벽 묵상

막 잠깬 이름 모를 새들의 노래 소리,
터질 듯이 칙칙한 잣나무의 상긋한 향내,
맑은 산골물의 서둘지 않는 분주함이
어우러지는 새벽 미명,
쉬지 않는 손길로서
만물을 살찌우시는 그분이
우리를 불러내어 그분 앞에 앉게 하신다

우리의 마땅한 자리는 본래 그분 앞
평온한 마음으로 나아가 앉는다
'내가 여기 있나이다 말씀하소서'
사랑의 말씀을 들려주신다
사명의 말씀을 들려주신다
위로의 말씀도 들려주신다
간간이 호된 꾸지람도 들려주신다

오직 감사함으로 무릎 꿇고 받아들이고
머리 숙여 읍하고 여쭙는다
응석어린 변명도 드리고
힘겹다는 하소연도 드리고
진정한 마음의 소원도 드리고
감히 소견도 드려보고
스스로를 굳혀 결단도 드린다

그러면 그분은 다시 응답해 주신다
그분의 대답을 듣고 다시 아뢴다
평안과 능력과 기쁨이
가득할 때까지 침잠하면
맑은 해가 떠오른다
거기에 가슴 뛰는 복된 하루가 열린다
복된 하루가 시작된다

## 작고 세미한

꽃도 피우지 못하고 말리우는 들꽃들
날아오르지 못하고 사라지는 애벌레들
펼쳐 보지도 못하고 스러지는 꿈들
종래 실패자로 끝내야 하는 인생들
이루 말할 수 없는 안타까움
의미도 모르겠는 허망함
이해할 수 없는 현실
결코 삭힐 수 없는 한(恨)들
그 끝 모를 서글픔, 착잡함

절망 같은 긴 기다림
그 속에 담겨 언뜻 언뜻 들리는
작고 세미한 음성 —.
그저 감싸 안는 그 거짓 없는 따스함
있는 그대로의 푸근함
모든 조바심을 뛰어넘는
그 평안한 온전함
존재(存在)의 위로
초탈(超脫)의 자유

# 평안

비릿한 어두움이 다가와
하염없이 추근대고
횅한 마음, 퀭한 눈길
둘 곳이 없는 데
어디에 서 있는지, 어디로 가야 할런지
앉지도 못하고 더 바삐 뛰지 못해
안달 난 세상
서성대는 불안한 세대여,

천천히 걸어 다니면
모든 게 더 자세히 보이고
어쩌다 마음 가다듬고 앉아 보면
모든 게 더 환히 느껴지고,
고향 같은 그분 앞에 눈감고
자신을 맡겨보면
말할 수 없는 평안이
마음 가득 넘실대나니

## 바다의 마음

울고 싶은 마음
아쉽고 그리운 마음
모두 받아들여 홀로 출렁이는 바다
웃고 싶은 마음
춤추고 노래하는 마음
모두 모여들어 홀로 파도치는 바다
기쁨도 슬픔도
희망도 절망도
모두 넘어선 고요한 마음
한데 어울려 홀로 잔잔한 바다

멀리서
간절한 마음 모두 품고
달려오는 바다
고마운 마음 가득 안고
멀리 달려가는 바다
오가는 한 마음으로
온 누리 시공(時空)을

하나 되게 하는
바다의 마음
하나님 마음

## 수행(修行)

해질녘에
사랑하는 이는
그렇게 그렇게 시스럼 없이 가시고
사립문 닫은 텅 빈 나의 영지엔
암울한 장막이 깊숙이 드리워지고…….

홀로 있음에 횅함이 아니요
돌아보지 않음에 섭함이 아닌
협착한 마음에, 적은 사랑에
긴긴 수행(修行)에 몸을 적셔야 할
가난한 삶에서이니라.

소슬한 울안을 돌아보며
일렁이는 감정의 고삐를 붙잡고
주어도 주어도 모자라지 않고
받아도 받아도 넘치지 않는
풍요한 사랑의 삶을 배태(胚胎)한
새 씨를 심으려

무디어진 연장을 새로이 벼려
한 밭 – 내 박토를 가는 수고를 시작하네라

함에 숨찬 하루가 하나씩 늘어
내 황무지에 새로이 심겨진 씨앗들이
가꾸어 꽃피어질 때
사랑하옴에 헝클어진 영육에
참 사랑의 삶이 정착하리니

사랑하는 이여
즐거운 마음으로
뿌려진 새 씨앗을 가꾸려무나

## 졸린 단상

정겨운 바다 풍경
한 눈에 아우르는 이층 카페
방충망 걷어낸 창가에 앉아
억새꽃 간질이던 바람을 맞아
바다 이야기, 세상 이야기 듣다가
졸린 눈으로 바다를 바라보며
돌고래라도 지나가길 기다리다
부질없음에 눈길을 돌려
사람 사는 냄새 뭉클한 부둣가를 둘러보다
이데올로기에 절은 깃발을 보고
흠칫 놀라다가
다시 마음 다잡고
하늘, 바다, 산, 들, 사람들에게
미인도의 미소와 함께
바람에 마음을 쉬어 보낸다.

# 눈부신 가

평범한 건
언제나 관심의 대상이 못되지
잔잔한 바다, 구름 낀 바다
아무도 관심도 가지지 않지
말릴 수 없이 성내거나
활짝 피어오르거나
격렬하게 몸부림치거나…….
감동이 거기서 오는가?

그러나 평범한 건
그 자체로 얼마나 눈부신가
아무렇지도 않은 그 바다에 이는
잔잔한 바람, 물결
조용히 일렁이는 거부할 수 없는 몸짓
소리 없이 빛나는 평안한 마음
온갖 것 살아가게 하는 경이로움은
무엇으로 비교할 건가?

## 새 하늘 새 땅
— 한 예수 공동체를 꿈꾸며 —

하나님과 함께
사람들과 함께
만물들을 품 안고

하나님만이 영광 받으시는 나라,
하나님만이 주인이신 하나님나라 —
예수십자가 보혈 · 부활 생명
믿음으로 열리는 은총의 세계,
하나님 사랑 정의 자유 거룩
어우러진 평화 속에 임하는 나라

거룩한 영의 충만함으로
깊고 풍성하게 누리며
모든 민족들에게 선파하며
성령의 능력 안에
말씀과 성찬의 신비 가운데
주님 우리 안에, 우리 주님 안에

영감 넘치는 언어
신기하고 놀라운 삶
사모함과 치유함,
섬김과 화해,
나눔과 하나됨
고난 중에 승리, 의와 평강과 기쁨

감사와 찬양
함께 사는 세상 —
온 누리 몸된 성도공동체와 교통
더 가까이 더 온전히
소망을 드높이
주님 오실 때까지

# 후기(後記)

### 황홀한 삶의 여정에서

 문득 황홀한 삶이 숨결처럼 누려져 전율하게 된다. 만나는 사람 모두가 예뻐 보이고, 보이는 세상 전부가 환희로 다가오고, 느껴지는 모든 게 그렇게 좋을 수가 없고, 생각되는 모든 것이 신기하고, 행하는 모든 것 또한 신명이 나서, 사는 것에 행복하고 감사하게 된다. 감격이 따로 없다. 더 할 수 없이 아름답다. 주님이 내 안에 계시고 내가 그분 안에 있을 때다.
 넘치는 축복이다. 감당할 수 없는 은총이다. 그런데 이 축복의 바다에서, 은총의 세상에서도 때로는 목마를 때가 있다. 그분의 은총을 몰라서도 아니고 믿음이 없어서도 아니다. 이해할 수도, 받아들이기도 어려운 어두움의 시간 때문이다. 사소한 것에도 무너지고, 낙담한 심령에 그늘이 진다. 모든 걸 낯설게 하고, 무기력하게 하는 힘겨운 고통이다.

시(詩)는 이러한 삶에서 위안이며 소망이다. 수도(修道)와 목회의 한 방편으로 허락된 시작(詩作)은 말할 수 없이 큰 축복이다. 감사가 있을 뿐이다. 그렇지만 제대로 감당하지 못한 죄송함과 안타까움이 겹친다. 목회하는 일이 잘 풀릴 때에는 시가 잘 써지지 않고 시가 좀 써질 때에는 목회하는 일이 힘겹다. 그 이유도 아리송했으나 이제는 알 듯도 하다. 그래 부끄러움을 있는 그대로 드러내는 용기를 내보았다. 있는 그대로 감사하고 사랑하고 용서를 빌며 참회하는 것이 은총을 은총되게 하는 길이라 믿기 때문이다.

 그분의 손길이 되어 이끌어 주신 많은 분들이 있다. 그 분들이 있어 함께 꿈을 캐어내며 삶의 아름다운 풍경을 만들어 가고 하나님 아버지의 풍요로움을 누리게 되었다. 그 중엔 언제나 사랑이 되고 기쁨이 되고 위로가 되고 축복과 그리움이 된 분들도 있고, 마음에 잘 지워지지 않는 상처를 남기고, 다시 만나고 싶지 않은 분들도 있다. 그러나 전자가 하나님의 은총인 것처럼 후자도 하나님의 손길이다.
 그분의 손길이 된 사건과 느낌도 감사할 뿐이다. 그건 꿈이 만들어 내는 풍경, 하나님 아버지의 임재 앞에 세우는 역사(役事)이다. 즐거움도 있고 슬픔도 있는가 하면 승리도 있고 패배도 있다. 감성적 응답이기도 하고 지성적인 파악이기도 하고 의지적인 헌신이기도 하다. 아주 심령적인 면도 있고 공동체적인 면도 있다. 일상적인 생활이기도 하고 본질적인 탐구이기도 하고, 개인이 감당해야 할 사명이기도 하고 역사적인 책무이기도 하다. 때론 시간의 문제이기도 하고 영원의 문제이기도 하다. 그 모든 게 하나님나라의 구성요소임을 조금씩 깨달아가고 있다. 하나님나라는 아무 것도 배제하지 않는 걸 조금씩 알아가고 있는 셈이다. 주님의 숨결이 그렇고, 주님이 그렇게 사셨고, 주님의 마음이 그렇지 않은가?

 그분의 손길이 된 모든 사람들과 사건들에 감사드린다. 특히 〈예영커뮤니케이션〉과 〈드림빌더스〉의 김승태 대표님께 감사한다. 우리 〈사랑하는교회〉 성도들과 기도해 주시는 모든 분들에게 감사한다. 그리고 무엇보다도 사랑하는 아내와 훌륭한 아들 진태와 진호에게 감사한다. 가족이 없었다면 이 시집은 나오지 않았을 것이다. 이들과 함께 행복한 하나님나라의 삶을 누리게 하시는 성삼위 하나님께 모든 영광과 감사를 드린다.

                         평화의 섬, 제주선교의 바다에서 서성환
                                     찬미 예수 !
                                     Soli Deo Gloria !

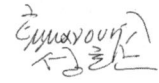